伝道ブックス81

報恩《ほうおん》の生活

JN220758

海法龍

目次

■一年でもっとも大切な御仏事……1
■親鸞聖人のご法事……4
■言葉に出遇う……7
■「南無阿弥陀仏」に聞く……12
■名には願いがある……15
■「ありのまま」と「あるがまま」……21
■原点を見失っている……25
■はかなき身の事実……30

■人生がぼやける……36
■浮生《ふしょう》なる相……42
■煩悩の身……45
■人間の発想……50
■平等への目覚め……54
■報恩の生活……60
あとがき……68

【凡例】

本文中の真宗聖典とは、東本願寺出版（真宗大谷派宗務所出版部）発行の『真宗聖典』を指します。

■一年でもっとも大切な御仏事

真宗のお寺は報恩講《ほうおんこう》をお勤めいたします。報恩講は本堂で勤まりますので、私たちはつい本堂でのお勤めだけが報恩講だと思ってしまいがちです。しかし、実はさまざまな準備から報恩講は始まっているのです。

たくさんの方々にお手伝いをいただきながら、おみがきなど多くの準備を行い、報恩講をお迎えするわけですが、それはやはり住職・坊守・寺族だけの力でできることではありません。多くの先輩方が報恩講を勤めるために、僧侶と門徒がみんなで協力し合って準備を行ってきた伝統、歴史があるからこそ、お迎えすることができるのです。

また、みんなで一緒にお勤めできるのも、やはり先輩たちが一緒にお勤めをしてきたからできるのです。僧侶だけでお勤めをすれば、それが当たり前になって一緒にお勤めすることはなかったでしょう。報恩講は僧侶が主役ではないのです。関わる一人ひとりが主役なのです。

つまり、私たちの先輩方が、また親たちがこの報恩講を本当に大事に思い、有縁の人たちと準備もお勤めもご法話もお斎《とき》も、すべてを分かち合いながら、一緒にお勤めをしてきた伝統があるのです。それは疎《おろそ》かにしなかった、いや疎かにできなかったということです。それほど大切に勤められてきたのです。

例えば、お荘厳《しょうごん》の仏花《ぶっか》は、通常、ご本尊《ほんぞん》に向かって左側にのみ立てられますが、報恩講の時には、左右二つになります。また打敷《うちしき》も掛けますし、お華束《けそく》といってお餅のお飾りもします。それだけ手間と時間をかけてお迎えするのです。

一年三六五日。この報恩講のために一年間があると言っても過言ではありません。真宗門徒の一年は、報恩講に始まり報恩講に終わる、そしてまた報恩講から始まっていく。それほど生活の中で、重い意味をもってきた御仏事が報恩講なのです。

今はどうでしょうか。私たちの真宗のお寺で勤められている報恩講が本当に報恩講という意味をもち得ているのか。残念ながらそういう問いをもたなければならない現実があるのではないでしょうか。しかし、そういう問いさえもなくなった時、真宗のお寺は真宗寺院としての生命を失うのでしょう。真宗寺院に本当の意味の活気が生まれ、熱のあるお寺になっていく道は、報恩講という仏事の回復にしかありません。それがなければ、真宗寺院は真宗の本来性を失い、世俗の価値観の中に埋没《まいぼつ》してしまいます。それこそ忘恩講《ぼうおんこう》と言ってもいいのではないでしょうか。

■親鸞聖人のご法事

真宗の寺院は親鸞聖人《しんらんしょうにん》のお寺です。親鸞聖人の教えを受けてきた方々が、念仏の道場としてお寺を建立してこられました。その伝統の中で親鸞聖人の報恩講が勤められ、相続されているのです。親鸞聖人の九十年のご生涯を忘れてはならないと、先輩方は強く思われ、親鸞聖人を偲《しの》んで勤められてきたのです。ですから、報恩講は親鸞聖人のご法事なのです。毎年毎年お勤めし、親鸞聖人を憶《おも》い起こすのです。

私たちは、身近な方が亡くなって、ご法事をお勤めしますが、それも同じように、亡くなった方のことを憶い起こすことになります。その人がどのように生きられたのか。その人と私はどういうつながりをもっていたのか。その人の人生から私は何を学んできたのか、また学んでいくのか。亡き人を憶い起こしながら、そういう問いをいただくのが、ご法事の大切な意味なのです。

もう少し言うならば、亡き人の姿から、その人生から、考えさせられるのです。私たちは限られたいのちを生きています。その限られたいのちを、これまでどう生きてきて、これからどう生きていくのか。今ここに生きていることにどんな意味があるのか。死からの問いかけです。ここにすべての人に共通する、人生の根源的な課題があるのです。

しかし、忙しい普段の生活の中では、自分を見つめることがなかなかできません。そういう中にあって立ち止まって自らを省みる、自分自身のことも憶い起こされてくる、そのご縁がご法事なのでしょう。報恩講もそうなのです。

毎年毎年、立ち止まり、親鸞聖人を憶念《おくねん》する。親鸞聖人のご生涯を憶い起こし、そのことをとおして、親鸞聖人の教えを聴聞《ちょうもん》し、あらためて憶念せしめられ、その教えに報い、応える。そしてその教えにふれさせていただいたご恩を深く感ずる。それは言い換えれば、親鸞聖人に出遇えてよかったということでしょう。

■言葉に出遇う

親鸞聖人に出遇うことは、親鸞聖人が出遇われた「南無阿弥陀仏」の精神に出遇うことです。

親鸞聖人も法然上人《ほうねんしょうにん》に出遇わなければ、お釈迦《しゃか》さまが説かれた教えに出遇えなかったのです。ですから法然上人に対して非常に深い尊敬の念を抱いておられました。

しかし、法然上人に出会っても、法然上人が、何もおっしゃられなかったら、教えとは出遇えなかったでしょう。親鸞聖人が法然上人に対して深い尊敬の念を抱かれるのは、法然上人から教えの言葉を聞いたからです。そこに深い感動があったのです。

お釈迦さまがおられた当時を考えてみても同じことが言えると思います。お釈迦さまが語らなければ聞いた方はいないのです。聞いた方がいなければ言葉を文字にした経典は生まれていない。経典があるということは、お釈迦さまの言葉を聞いて感動された方がおられたということなのです。

聞いたことが伝えられ、そして聞いたことがまた言葉となる。インド、中国、日本と言語は違いますが、自分の国の言葉にして、またその言葉を語って伝えられてきました。そしてその言葉をとおして、言葉にまでなった世界が伝承されてきたのです。そしてその言葉に出遇う場所が、お寺として相続されているのです。

ですから、私たちが親鸞聖人のお寺にご縁をもったということは、親鸞聖人の言葉に遇わなければならないのです。

私たちに親しみのある言葉ですと、「帰命《きみょう》無《む》量寿如来《りょうじゅにょらい》　南無不可思議光《なむふかしぎこう》」ではじまる「正信偈《しょうしんげ》」があります。「正信偈」をみんなで声にして読むことは、自分の声が自分に聞こえ、隣の人の声が自分に聞こえてきます。声にすることは、聞こえてくるということなのです。聞かせていただくのです。

お勤めは聞法です。聞くためにあるのです。それは耳で聞くのではなく、身に聞こえてくるのです。身に響いてくるのです。言葉をとおして言葉を超えて言葉で伝えようとしている世界が、この身に響いてくるのです。

報恩講という親鸞聖人のご法事をとおして、私たちの先輩方は、親鸞聖人のお言葉を聞いて、深くこの身に感じとっていかれた。「自分の人生にとって、自分が生きていく中で、この言葉は大切な意味をもつものだ」といただかれたのです。

親鸞聖人は法然上人の言葉に出遇って、自分の生きる道が定まりました。その元をたどっていくと、二五〇〇年前にお釈迦さまの言葉を聞いた方々が、自分の人生の道を見出していかれたのです。「この教えの方向で生きていけばいいのか、人生をこういうところに立って生きていけばいいのか」と。そういう歴史が、言葉となって伝わってきているのです。

ですから、親鸞聖人の言葉は、私たちにお釈迦さまの本当のこころを表現してくださっていると言っていいのでしょう。つまり仏教という言葉の本質、仏教とは何かということを、あらためて示してくださっているのです。そしてその仏教とは、私のためにある、広く言えば、人間のためにあるのです。

■「南無阿弥陀仏」に聞く

ご法事を勤めるということは、身近な方が亡くなったことを深い縁として、私たちがお経のこころに遇う、親鸞聖人の言葉に遇うということです。それは一言で言うならば、「南無阿弥陀仏」に遇うことなのです。「南無阿弥陀仏」に遇い、「南無阿弥陀仏」のこころに遇って、「南無阿弥陀仏」のこころを生きる。そしてその「南無阿弥陀仏」のこころを伝えてきたのが、私たちの先輩方、諸仏《しょぶつ》なのです。

伝えるということは、かたちに残したということです。私たちがふれることができるように、聞くことができるように、報恩講というかたちにして残してくださった。また、お寺というかたちにして相続してくださったのです。

言葉は声です。声はかたちがありませんが、その声をかたちにしたものが文字です。「南無阿弥陀仏」という文字ですけれども、「名声《みょうしょう》」と言うようにもとは声です。またその「南無阿弥陀仏」には意味があるのです。呪文ではありません。「南無阿弥陀仏」に限らず、お経の言葉にはすべて意味があります。その意味のある言葉を私たちはお聞きするのです。

それは言葉の中にある精神、こころ、言葉の向こうにあるものをお聞きするのです。言葉は「語」です。言葉の向こうにあるものを「義」といいます。

お釈迦さまが亡くなられる時に遺言を残されました。それが四つあるのですが、そのなかの一つに、「義に依りて語に依らざるべし」（真宗聖典三五七頁）とあります。経典には、阿弥陀如来《あみだにょらい》や浄土《じょうど》について「こういう方がいらっしゃいます。浄土は西にあります」と実体的に説かれています。これが「語」です。しかし、そういう表現になっているけれども、それはあくまで譬喩《ひゆ》なのです。物語という神話的で実体的な表現をとって、私たちに大切なことを伝えているのが経典なのです。

では、そこに何があるのか。実は阿弥陀如来や浄土という言葉には意味があるのだということです。自分の人生にとって大切な意味をもつものが、そこにある。そして、その意味の世界にふれて欲しいという仏さまの願い、「本願《ほんがん》」があるということです。つまり「南無阿弥陀仏」には、仏さまの願いがあるのです。「南無阿弥陀仏」を称《とな》えることは、その願いを聞くことなのです。

ですからお寺という場所は、道場なのです。何の道場かというと、「聞《もん》」の道場です。「南無阿弥陀仏」を聞く道場。名を称え、名の願いを聞く、「聞名《もんみょう》」の道場です。

■名には願いがある

「南無阿弥陀仏」を名号《みょうごう》と言います。「南無阿弥陀仏」は六文字ですから、六字名号と言います。

お内仏《ないぶつ》（お仏壇）の中央には、阿弥陀如来の絵像または木像がありますが、向かって右側には親鸞聖人の御影《ごえい》、左側には蓮如上人《れんにょしょうにん》の御影が掛けられています。もしくは、右側に「帰命尽十方無碍光如来《きみょうじんじっぽうむげこうにょらい》」、左側には「南無不可思議光如来《なむふかしぎこうにょらい》」という文字が掛けられています。「帰命尽十方無碍光如来」を十字名号、「南無不可思議光如来」を九字名号といいますが、これは、六字名号である「南無阿弥陀仏」のこころを、十字と九字で表してくださっているのです。

「帰命尽十方無碍光如来」を短くすると、「帰命無量寿如来」。「南無不可思議光如来」を短くすると、「南無不可思議光」です。「帰命無量寿如来」と「南無不可思議光」は二つ合わせて「南無阿弥陀仏」を表しています。そこには先ほど言ったように、仏さまの願いがあるのです。それを「名《みょう》願《がん》」と言います。名には仏さまの願いがあるのです。

例えば、私たちの名前にも、名を付けた親御さんの願いがあります。お名前が和子とおっしゃる方がおられ、その方に名前の由来をお聞きしたことがありました。その方から両親が人と人との和を大事にして生きて欲しいと願って付けてくれた名前であること、また、聖徳太子《しょうとくたいし》の『十七条憲法《じゅうしちじょうけんぽう》』の「和《やわ》らかなるをもって貴しとし」（真宗聖典九六三頁）という言葉から取ったとも聞きました。「その願いに適《かな》った生き方をしてきたのかどうか、振り返ればお恥ずかしいかぎりです」とおっしゃっていたことが忘れられません。

その方の名前がその方の人生を問いかけ、和《やわ》らぎのあるつながりを生きて欲しいと願われている名であると思いました。そして同時に、その名の願いに背いている、恥ずかしい私でもあるということを、その方の名前がその方に知らしめているということも感じられたことでした。

そしてそのことと同じように阿弥陀という名前にも願いがあるのです。その願いを本願と言います。その願いを聞くのです。声に出して、その声を自分が聞いて、みなさんも聞いて、そしてその言葉のこころ、願いをいただくのです。お勤めは「南無阿弥陀仏」のこころが示されていますから、お勤めをすることとは、「南無阿弥陀仏」のこころを聞くことなのです。

南無阿弥陀仏に聞けば、知らされてくる。しかし、漢文を読んだだけでは、その意味、「義」はなかなかわからない。ですから、お勤めの後にご法話の時間が設けられているのです。今の時代の言葉で、そのこころにふれ、いただいていくという時間が設けられるのです。これが真宗寺院で行われる法要・行事の特色です。

南無阿弥陀仏によって知らされることを親鸞聖人は、「信知《しんち》」とおっしゃいました。「信」とは知る、知らされたということです。また、知らされたこころを「信心《しんじん》」とおっしゃいました。聞いて深くうなずいた。そのことが信心なのです。それは、いわゆる知識や教養ではありません。身に響く、感じるのです。「覚知《かくち》」ともおっしゃいます。聞くということは目覚めを感知、感覚していくことなのでしょう。

ですから、「正信偈」で「聞信如来《もんしんにょらい》弘誓願《ぐぜいがん》（如来の弘誓願を聞信すれば）」（真宗聖典二〇五頁）と言われるのです。つまり「阿弥陀如来のひろく誓われた願いを聞き知らされる」と。願いを知らされたことを「聞信」とおっしゃいます。如来の願いを聞き、我が身を知らされ、我が身に目覚めていくということなのです。

如来の「如」はあるがままという意味です。ですから「如来」とは、あるがままに来る。あるがままを知らせる。もっと言えば、願いを知らせる。言葉で知らせる。願いをかたちにしたもので、あるがままを知らせるということでしょう。

知らせるとは、私たちのところに来る。言葉にふれるとは、この如の世界にふれるということです。あるがままだということを私たちに知らしめたいという願いです。あるがままを私たちに知らしめたいということは、本当はみんなあるがままの人生を生きているからなのです。

■「ありのまま」と「あるがまま」

「あるがまま」と似たような言葉に、「ありのまま」という言葉があります。少し前にアニメ映画の主題歌で有名になりましたが、「私は私」という「ありのまま」の使い方は、「私が思う私が私」、「私の気持ちに合った私が私」、「私の考えているような私になれるような私」、それが「ありのまま」ということでしょう。

しかし、「あるがまま」は違います。あるがままは私が考える前に、それを超えて私は私として、存在の事実としてあるということでしょう。「老いた私が私」、「病気になった私が私」。「いつか死んでいく私が私」。「うまくいくこともあるし、うまくいかないこともある私が私」「人が好きだとか嫌いだとかと思ってしまう私が私」。「あるがまま」です。

そしてその私は、誰にも代わることのできない私を生きているのです。私が二人いるのではない。私は一人しかいない。唯一なる存在です。ここに生まれてここを生きている。これから私と同じ人間が、同じように生まれてくるかというと生まれてこないのです。私はかけがえのない存在。人類史上始まって以来の私なのです。歴史的存在です。それほどの尊さと重さがある私なのです。それが「あるがまま」、「如」という言葉で表現されているのです。

しかし、その「あるがまま」を私たちは、なかなかいただけないのです。だからこそ、仏教があるのです。みんなわかっていれば、仏教は生まれていないのです。わかっていれば、私たちに「あるがままですよ」と言う必要もないのです。どういうことかというと、私たち一人ひとりが「あるがまま」で、一人ひとりが尊くて一人ひとりに存在の重さがあると、私たちはわかっているようで本当はわかっていない。だからいのちそのものを知らなくてはならない、感覚していかなければならないのです。そういうことが願われているのです。

このわかっていないことを、「無知《むち》」と言います。また、見えていないということでもありますから「不見《ふけん》」ともいいます。わかっていないから、見えていないからこそ、教えがあるのです。その教えの願いを親鸞聖人も含めて先輩方はお聞きになり「ああ、そうだな、あるがままだな」といただいてこられたのです。

存在はみんな「あるがまま」の等しい存在です。みんな人生の尊さと重さがある。それを「あるがまま」、「如」という言葉で表された。「みんな一人ひとりに生きている意味も意義もあるのだ」ということでしょう。そういうことをお示しくださっているのです。

しかし、〝一人ひとりはかけがえのない存在〟と、言葉ではわかっていても、本当にそのこころをいただくことは、私たちの日常生活ではとても難しいものがあります。私たちはそのことがなかなかわからないのです。いのちの感覚を失うようなものが私たちの中にあるのです。

■原点を見失っている

二〇一六年にノーベル生理学・医学賞を受賞された大隅良典《おおすみよしのり》さんという方がおられます。その方は、細胞研究をされていた方で、細胞のメカニズムを解明することに大きな貢献をされました。つまり、生き物とは何か、ということを生命科学の分野から探求してくださったのです。

今回の成果は、パーキンソン病などの病に効力をもつ、非常に有益な薬の開発につながっていくそうですが、大隈先生は、その病気のために研究をされていたのではなく、結果としてそうなったということでした。つまり、何かのために研究したのではなく、いのちとは何かということを掘り下げていくところに、開かれてくる世界があるということでしょう。そういう学び、研究を基礎科学と言うそうです。基礎科学があるから、応用が生まれる。ですからそれを疎かにすると、これからの応用がなかなか生まれてこない。そういうことだそうです。

大隈先生がおっしゃっていたのですが、今、基礎科学は厳しい状況にあるそうです。すぐに何かの役に立つわけではないため、研究予算があまりなく、地道な研究なので、基礎科学を専攻する人が少なくなってきていると言われていました。一方、すぐ開発ができる研究、あるいは軍事産業につながっていくようなものについては、国も企業も、ものすごくお金を出すのだそうです。

基礎は何事においても非常に大事なことです。考えてみますと、あらゆる分野において基礎があります。例えば学校にしても病院にしてもそれぞれ専門性はありますが、教育という基礎、医療という基礎は、どんな専門性があっても足元のところはみんな共通します。人が育っていくということは、どういうことなのかは、大学でも小学校でも同じ課題でしょうし、医療で言えば、内科であろうが、外科であろうが、また産婦人科であろうが、医療とは何かという課題は同じです。

私たちの人生も一緒です。一人ひとりの考え方や人生は違うわけですが、何を核にして生きてきたのか。何を基礎として生きてきたのか。これから何を核として、何を基礎として生きていくのかということが、全人類の共通の課題なのです。別の言い方をすると足元、足場、根元、根源、原点の問題です。

政治家の原点、経済界の原点、医療の原点、教師の原点、人間の原点、私が生きるということの原点、真宗のお寺の原点。どんな世界にも原点が存在するのです。その原点を失うと、政治も政治ではなくなり、医療も医療ではなくなる。お寺も同じでしょう。そうなるとみんな名利《みょうり》でしかなくなります。つまり自分の名誉と利益のためだけのものになってしまうのです。

では、その本来の原点は、どこにあるのでしょうか。それが見えているのか見えていないのか。わかっているのかわかっていないのか。実は私たちは、見えているようで、見えていないし、わかっているようで、わかっていないのです。ここにとても深刻な問題があります。

その原点がはっきりしないと、どんな方向性をもってもおかしくなるのです。「こっちかな、あっちかな」と言って、どこに進むかわからない、はっきりしない。これを迷いと言いますが、そういうことが私たちの中にあるのです。

はかなき身の事実

私たちの身の事実を問いかけてくれる言葉があります。「南無阿弥陀仏」のこころを親鸞聖人からいただいた蓮如上人が、当時のご門徒の方々にお念仏の教えを伝えるため、お手紙を書かれました。そのお手紙を『御文《おふみ》』と言います。その御文によって蓮如上人の時代には、親鸞聖人の教えが世の中の隅々まで届いていったのです。

親鸞聖人のお言葉は、「正信偈」にしても漢文表記です。そのこころを平仮名交じりでお手紙にして、民衆がいただきやすくしてくださったのです。

どのお手紙にも、最後は「あなかしこ、あなかしこ」と書いてあります。

これは「あなたに敬いのこころを込めて」という意味があります。届けられた相手の方すべてに、〝敬いのこころを込めて、このお手紙を書いております〟ということでしょう。

その中に『白骨《はっこつ》の御文』と言われるものがあります。どういう時に読まれるのかと言いますと、通夜や葬儀の後の還骨《かんこつ》のお勤めの時などです。

その中に有名な言葉があります。

朝《あした》には紅顔《こうがん》ありて夕《ゆう》べには白骨となれる身なり。

（五帖目第十六通　真宗聖典八四二頁）

朝は「紅顔」、紅い顔をして、息があって生きていても、夕方になればそのいのちは終わっているかもしれない。それを白い骨という言葉で表してくださっています。私たちは、そういう身を生きているのです。しかし、自分もいつかはそうなっていくということは、普段はあまり考えることはないのではないでしょうか。

三年前、私の兄が六十四歳でガンになり亡くなりました。徐々に痩《や》せ衰《おとろ》え、いのちを終えていく姿が、私自身の眼に焼きついています。父も二十四年前に、ガンを患《わずら》い兄と同じように亡くなっていきました。いのちは限られているということをつくづく感じます。

いつ自分が病気になるかわからない。今日かもしれないし、明日かもしれない、本当は何もわからないわけです。しかし、自分はそうはならないと、どこかで思っていて、明日もその先も生きていると思っているのです。身と気持ちは違うところにあるのです。

先日、私が住職をしているお寺の前に自宅がある八十二歳の男性のご門徒の方が、病院から一時退院してこられました。病院の先生から「ペースメーカーを入れる手術までに時間があるので、一時退院されますか、それともそのまま入院しておられますか」というお話があったので、退院して一旦自宅に帰って来られたそうです。

すると、退院された翌日の午前九時ごろ、お寺のインターフォンがピンポンと鳴るのです。出ていくと、その方の奥さんと娘さんが立っておられました。どうしたのかと思ったら、「朝方、亡くなりました」と。自宅がお寺の前なので、退院されてこられた様子をチラッと見ていたこともあって、本当にびっくりしました。

「きのうお風呂へ入って、夕飯を食べて、〝ああ、久しぶりの家だな〟と言って寝たんですが…。朝方に様子を見に行ったら、息をしていなかった」とおっしゃるのです。お医者さんの話だと、寝ている間に心筋梗塞を起こし、そのまま亡くなっていかれたということでした。家族の方もそれはもう、とても驚かれたそうです。

通夜、葬儀が終わり、その後、初命日の日にお参りに行ったのですが、奥さんが悔やまれていました。「退院しなければよかった」と。退院したから、発作が起こったんじゃないか、もし発作が起こっても、病院だったら早く処置ができて、亡くならなかったんじゃないか、と言われ、自分を責められるのです。

そういうお母さんに娘さんは「お母さん、そんなふうに考えちゃいけない。病院にいても、家に帰っても、きっと寝ている間に発作が起こっただろうから。だから、病院で死ぬよりも、家で死んだ方がよかったんじゃないか」と言われるんです。そうしたら、奥さんは「娘がそうやって言ってくれるんで、慰《なぐさ》められるんですけれども…。でも自分はやっぱりああしておけばよかった、こうしとけばよかった、そういうものが残ります」と言っておられました。

そういういのちを私たちは生きているということです。つくづく思い知らされました。だから私たちのいのちは、

おおよそはかなきものは、この世の始中終《しちゅうじゅう》、まぼろしのごとくなる一期《いちご》なり。（同前）

と示してあるのです。はかないとは、脆《もろ》くかぼそく不確かな人生という意味です。私たちの人生はいつ何が起こるか、誰もわからないのです。そして、この世において生の始まりである誕生があって、そのいのちを生きて、最後には死して終わっていく、これを「始中終」と言っているのです。

■人生がぼやける

そして、「まぼろしのごとくなる一期なり」とあります。「一期」とは、その人が生きてきた人生そのものです。誰でも父のいのちと母のいのちをいただいて生まれてきています。そして誰でもいつかはその人生を終えていかなければならない。だから一人ひとりの存在は、どんな人もいのちをいただいて生きているのですから、みんな等しいいのちなのです。そういう意味の「一期」です。

そしてそれは、決して幻ではありません。幻ではないけれども、ここでは「まぼろしのごとくなる」といってあるのです。なぜでしょうか。幻とは、存在の確認ができないほど輪郭《りんかく》がぼやける、見えなくなるという意味です。つまり、自分が生まれて生きて死んでいくという人生が、霞《かすみ》にかかったように、ぼやっとして見えなくなっている、わからなくくなっているということでしょう。つまり自分の一生は何だったのか、何のために生きてきたのか。せっかく人として生まれてきたのに、自分の人生が何だったのか、わからずに死んでいくのです。

豊臣秀吉《とよとみひでよし》が作った歌の中に「辞世《じせい》の句」といって、世を去る時、つまり死んでいく時に歌われたと言われているものがあります。

露《つゆ》と落ち　露と消えにし　我が身かな
浪速《なにわ》のことは　夢のまた夢

というものです。「露と落ち　露と消え」と言っていますが、露とは朝露のことです。露という表現は『白骨の御文』にも「すえの露よりもしげし」と出てきますが、朝露はいつもあるかというとそうではありません。朝方に気温の変化で葉っぱに水が溜まります。その溜まった水は、朝日が少し出てくると、ぽたんと地面に落ちて消えていく。ということは一瞬です。「露と落ち　露と消えにし　我が身かな」とは、「私は生まれてきました、生きてきました。けれども、その人生を振り返った時に、朝露のように一瞬だった」ということでしょう。あっという間だったという実感です。そのあっという間の人生が、秀吉にとってどんな人生だったのか、その後「浪速のことは　夢のまた夢」と歌っています。

浪速は大阪。大阪に秀吉は、石山本願寺の跡地に建てたお城がありま す。それが大阪城です。大阪城は秀吉の一生を表す象徴、シンボルです。秀吉は貧しい家に生まれ、その貧しい中からはい上がって勝ち得た権力、勝ち得た名声、勝ち得た財力、勝ち得た太閤秀吉という地位が大阪城に象徴されています。つまり人間が望むものはみんな手に入れたということでしょう。ではそれで、「ああ、もうこれで自分は死んでいける。ああ、この人生はよかった」というように歌っているかというと、歌っていない。「浪速のことは　夢のまた夢」、幻であると歌っているのです。

一生懸命、それなりに世間的に成功して生きてきたのだけれども、では、これで自分の人生を、ここで終えていけるかというと、終えていくことができない。本当にこの身に受け止めなければならないことが、実はわかっていなかった、本当のことがわからなければ死んでも死にきれないということでしょうか。そういうことを問いかけているというか、そういうことを表現しているような気がします。そういう精神状況の中で秀吉は亡くなっていったということが、この歌から伺えます。

これは秀吉だけの話ではなく、私たちの姿とも重なるのではないでしょうか。私たちもあらゆるものを求めながら生きているわけですけれども、その求めている自分の足場はどこにあるのか、成功しても、そうでなくても、どこに立って生きているのかが問われているのではないかと思います。それは私たちの原点が課題ということなのです。そのことがこの歌からも問いかけられている気がします。

■浮生《ふしょう》なる相

『白骨の御文』の冒頭には、そういう幻のような姿が、「つらつら観《かん》ずるに（よくよく見れば）」と、見えてくるとあります。よくよく何を見るかというと、よくよく人間の姿を見る。人間の姿を見ると、やっぱり幻にしてはならないものを、幻にしてしまうような私たちの生き方があると、そういうふうに書いてあるのです。

それ、人間の浮生《ふしょう》なる相をつらつら観ずるに、おおよそはかなきものは、この世の始中終、まぼろしのごとくなる一期なり。（同前）

よくよく見ているのは、人間の眼ではありません。何の眼かというと南無阿弥陀仏の眼です。自分の価値観ではなく、南無阿弥陀仏のこころで見るならば、そこに「それ人間の浮生なる相」、私たちが浮生という生き方をしているということが見えてくるのです。

浮生とは根なし草のことです。浮いている、足が地に着いていないということです。そういう存在を一般的に幽霊と言います。私たちは、幽霊は死んだ人と思っていますが、実は、幽霊は、死んだ人のことではないのです。

だから今、生きている中にあって地に足が着いていない生き方は、人生を幻にすると言われているのです。本当に生きてきたという実感がもてない、死んでも死にきれないということになっていくのです。一方、地に足が着いているということは、死んでいける世界を生きていけるということです。
私たちの眼は、人生そのものを幻にします。本当のことが見えないのです。和讃《わさん》では、「三途《さんず》の黒闇《こくあん》」と言われているように、本当は真っ黒で何も私たちには見えない、わからないのです。自分の人生も、自分がどう生きていくのかも、よくわかっていない。何を大事にして生きていかなければならないのかが、本当のところはよくわかっていないということです。実は、そういう私たちの在り方を知らしめようと、南無阿弥陀仏の教えが私たちに与えられてきたのです。
南無阿弥陀仏のはたらきは、光で表現されます。和讃では、
仏光照曜最第一《ぶっこうしょうようさいだいいち》　光炎王仏《こうえんのうぶつ》となづけたり

三塗《さんず》の黒闇《こくあん》ひらくなり　大応供《だいおうぐ》を帰命《きみょう》せよ

（「浄土和讃」真宗聖典四七九頁）

と、仏の光、南無不可思議光という光にふれると三塗の黒闇がひらかれると詠《うた》われています。黒闇が破れる、闇が晴れると。自分の姿が自分に見えてくるのです。地に足が着いていないことが知らしめられる。自分が三塗で生きていることがわかると言われているのです。地に足がついていない生き方が三塗という生き方なのです。

■煩悩の身

この「三塗」は「三途」とも書きます。その場合は道という意味があります。それはどんな道かというと、地獄道《じごくどう》、餓鬼道《がきどう》、畜生道《ちくしょうどう》という三つの道です。この三つの道を私たちは歩みながら生きているのです。もっと言えば、この三つの道が私たちの足場になっているのです。この三つの道のことを「三悪道《さんまくどう》」と言います。

自分たちがいいと思って一所懸命作っている世界が地獄であり、餓鬼であり、畜生になっているのです。なぜそういう世界になってしまうのでしょうか。

地獄の「獄」は、「けものへん」に「言」という字を書いて「犬」と書きます。ですから、犬が二匹いて、一方の犬がワンと吠えて、もう一方の犬もワンと吠える。お互いが吠え合っている姿が「獄」という字の語源だそうです。吠えるというのは、自己主張です。自己主張をする時は、相手の言うことは聞いてはいません。もっと言えば、聞こうともしない。そういう言葉が通じない世界を地獄と言うのです。

私は正しいと言って主張する。いや、私の方が正しいと言って主張する。そこに争いが生まれます。争いは人間にとって一番の不正です。正しいと思っていることが不正を生む。平和を求めて戦争をする。自分たちの名誉を回復するために戦争をし、テロをする。難しい問題です。ですから、私たちは正義と正義とを、ぶつけ合って、お互いを傷つけ合っているのです。

なぜなのかというと、「自分は正しい、間違いない」と思っている自分が、自分で大好きだからです。大好きな自分が一番かわいいという、自己愛を貪《むさぼ》り欲してやまない心があるのです。餓鬼とは貪欲《とんよく》です。かわいい自分は、いつも満足していなければならないと、もう無意識に欲しいものを手に入れる。しかし、手に入れても手に入れても、きりがない。そうやって私たちは人間を失う。人間なのに人間でなくなっている、それを畜生と言います。

どんな人もそうなのです。必ず私たちの中にはそうなってしまうようなものがあるのです。それが「善悪」の心、煩悩なのです。その心が大事なことを見えなくさせるのです。自分自身のことも、自分のこころも見えなくなるし、周りの他者も見えなくなるのです。なぜこうなったのかという因果も見えない、自分が多くの人たちに支えられていることも見えない。本当のこと、真実が見えないのです。つまり私たちは「邪見《じゃけん》憍慢《きょうまん》悪衆生《あくしゅじょう》（邪見憍慢の悪衆生）」（真宗聖典二〇五頁）と教えられるように、邪《よこしま》な見方に陥《おちい》り自己中心的な生き方しかできないのです。

また同じく「正信偈」には、そういう私たちを「一切善悪凡夫人《いっさいぜんあくぼんぶにん》（一切善悪の凡夫人）」（真宗聖典二〇五頁）とおさえ、「聞信如来弘誓願《もんしんにょらいぐぜいがん》（如来の弘誓願を聞信すれば）」（同前）と勧めてくださっています。煩悩に左右され自己中心的な生き方しかできない私たちだからこそ聞いていかなければならない、自分のことを知らされていかなければならないのだと言われているのです。聞いて知らされたことを「信知」とおっしゃいます。知らされた心を「信心」と言うのです。「聞」があって信心が私たちに発起してくるのです。「聞即信」なのです。

■人間の発想

先ほど三悪道のことを申しましたが、そのことを視点を変えて具体的に言えば、自分が中心ならば周りの人は傍らということです。健常者が中心ならば障害者は傍ら。経済的に力のある人たちが中心ならば、力をもっていない人たちは傍ら。健康な人が中心ならば、健康でない人は傍ら。若い人が中心ならば高齢者の方は傍らになってしまうということです。このような思想の根にあるものを優生思想《ゆうせいしそう》と言います。優れているものに価値がある。健康じゃないと価値がない。世のなかのために役に立つ人は価値があるけれど、役に立てなかったら価値がない。悲しいですけれども、これが私たち人間の発想です。

本当は、価値がある・価値がない、役に立つ・役に立たないを超えて私たちは一人ひとり尊い存在なのです。しかし、人間は自らそのことを見えなくさせているのです。

神奈川県の相模原で障害者施設が襲われ、多くの方々が死傷する事件が二〇一六年に起こりました。犯行に及んだ人物は、アドルフ・ヒトラーの思想に影響されているのではないかと言われています。ヒトラーは、ユダヤ人は劣り、ゲルマン人は優れているという考え方でした。当時、ゲルマン人がユダヤ人から社会的な地位を奪われ、ユダヤの人たちが社会的な高い地位を多く占めていました。そのことに対するゲルマン人の不満もありましたから、それに火を付けたのがヒトラーだったのです。そしてユダヤ人排斥が始まり、約六〇〇万人が虐殺されたと言われています。そしてその前には、障害者の方々を虐殺しているのです。今回の事件はそれから大きな影響を受けているのかもしれません。

障害者は、周りからの援助がなければ、自分で自分のことができない。そしてその費用は国が出している。つまり税金、それはもう国の負荷、国民の負荷でしかないということでしょう。そこには、先ほどいいましたように、優生思想、役に立たない人間、意思疎通のできない人間は生きる価値がないという思想があります。いのちをいのちとして見ることができない、人間を人間として見ることができない思想です。

この事件を、私たちは特別な人格をもった人物が起こした特異な事件として理解してしまい、他人事のように見てしまいますが、加害者と同じようなことを思い、また、同じようなことをしてしまう可能性がないとは言えないのが、この私なのだと仏教は教えているのです。加害者と同じような境遇の縁があれば、どんな思想にもなり得るし、私たちは気づかないけれども、無意識にそういうものが内在している危うい存在なのです。

つまり、ヒトラーやこの事件の容疑者だけの問題ではなく、本当は、私たちの日常性の中にある潜在的なものが、引き起こした事件と言っても過言ではありません。

■平等への目覚め

そういう私たちの在り方を知らされると、これまでどういう生き方をしてきたのか。また、親や兄弟、友人など、どんな関係をもってきたのか。そういうことがそれぞれのところで問われてくるのではないでしょうか。

「南無阿弥陀仏」は問いかけの言葉です。問われてくるのです。何が善かったのか、何が悪かったのか。自分の人生を顧《かえり》みた時に、いろいろと思わせられることがあると思います。

「善悪」は、自分に都合のいいものは受け入れて、都合の悪いものは受け入れないのです。そういう世界を私たちは抱えているのです。自分が中心ですから、自分が気に入る人は重宝するけれども、気に入らない人は重宝しない。そうやって人間の存在に序列をつけるのです。

私にとってどれだけ意味があるのか、それに従って、自分にとって都合が善いか悪いか、役に立つか立たないかでランク付けをする。本当は同じ人間で、同じいのちを生きているのですが、私たちの意識はなぜかそうなっていく。だから人間の現実は〝等しさ〟から遠く離れているのです。

何度も言いますが、本当はみんな「あるがまま」なのです。生まれて死んでいく、あるがまま。国籍や肌の色が違っても、また性別の違いがあってもあるがまま。どんな人も同じいのちを生きている、みんなあるがままに等しいのです。

和讃の中に

解脱《げだつ》の光輪《こうりん》きわもなし　光触《こうそく》かぶるものはみな
有無をはなるとのべたまう　平等覚《びょうどうかく》に帰命《きみょう》せよ

（「浄土和讃」真宗聖典四七九頁）

という和讃があります。有無、つまり善いとか悪いとか、自分中心の世界からみんな等しい、そういう世界に目覚めて欲しいと願われているということです。言い換えれば、姿、形はみんな違うのですが、みんな同じだということです。それを「無等等《むとうどう》」と言います。

等しくないけれども等しい。みんな違うけれども、等しいというのが阿弥陀という名前の別の言い方で、「無等等」と言います。阿弥陀の世界は、「無等等」の世界なのです。〝一人ひとりが等しい存在です、どうかそのことに目覚めてください〟と願われているんです。私たちは、自分中心のこころで生きているので、そのことに背くような生き方をしています。そんな私たちに、無等等なる阿弥陀如来の世界を生きるものとなって欲しいと願われているのです。

しかし、私たちは教えにふれても、自己中心のこころはなくなりません。つまり煩悩《ぼんのう》はなくならないのです。だから教えを聞き続けていかなければならないのです。「正信偈」に「不断煩悩得涅槃《ふだんぼんのうとくねはん》（煩悩を断ぜずして涅槃を得るなり）」（真宗聖典二〇四頁）とあります。煩悩の中でしか生きられないし、その煩悩から離れ断つこともできない、そういう悲しい存在が私たちなのです。

しかし、だからこそ涅槃の世界、如の世界、南無阿弥陀仏の世界にふれ、自分自身の身の事実に帰されていくのです。この身のかけがえのない尊さと重さ、それにいつでも背く私たち。そしてそのことに気づかない罪深さ、「南無阿弥陀仏」と頭が下がるしかない私たちであることを、阿弥陀如来は常に教え照らし続けてくださっているのです。

常にということは、私たちはいつでもどこでも誰でも、一人も漏らさず、如来の願いをいただいているということです。

そしてその如来のおこころに本当にふれる時、私の中に慙愧《ざんき》という悲しみと傷《いた》みと共に、念仏申さんと思い立つ心が、私の力では起こり得ない世界が、私自身の奥深いところから、私の心を超えて、私自身に発起してくるのです。そこにはじめて頭が下がる自分が見出されてくる。それが帰命であり、南無という世界です。

そのような世界に出遇えた喜び、歓喜と慙愧が、報恩の心として、毎日の生活の中に具体化されていく。そこに、報恩の生活がはじまっていくのです。

■報恩の生活

この報恩という生き方のひとつの姿を、ある先生のご法話でお聞きする機会がありました。それは、その先生のお母様が亡くなっていかれる時のお話でした。臨終の、正に最期の時、先生がお母様に「お母さん、何か言い残すことはありませんか」と聞かれたそうです。

そうしたら苦しい息づかいの中、「遇うべき人には遇えたような気がする。聞くべきことは聞かせていただいたような気がする。だから、何も言うことはない」という返答があったと言っておられました。

遇うべき人に遇って、聞くべきことを聞いた、だから死んでいけると。これは言い換えれば、遇うべき人に遇わずに、聞くべきことを聞かなかったら、私たちは死んでも死に切れないということでしょう。先生のお母様はお寺の坊守《ぼうもり》さんです。住職であろうとも坊守であろうとも、一人の人間として、遇うべき人に出遇い、聞くべきことを聞いて、そこに深いご恩を感じるところに、はじめて生きていけるし、死んでもいける。

そこには、死んで善いところに行きたいというこころから解放された世界があります。つまり私の生を尽くして、生きていける、死んでいけるのです。そしてそれは同時に、他者と共に悩みながら生きていける世界なのです。ここに日ごろのこころとは違った、報恩の生活を営んできた真宗門徒の具体的な姿があります。

ご恩を感じるのはなぜか。それは、教えに生きている師や友に出遇い、教えの功徳、法をこの身に受けた喜びがあるからでしょう。

親鸞聖人はそれを「報恩謝徳《ほうおんしゃとく》」と示されました。「南無阿弥陀仏」の徳、功徳《くどく》をいただくところに開かれてくる利益が「謝徳」です。それは、教えの徳への感謝であると共に、「謝りを感じる」ということでもあります。

正しいとは言えない私なのに、いつでも自分の正しさに無意識に立っている姿が言い当てられ、自然に深く頭が下がり、「謝っていた・誤っていた・間違っていた」という罪深い愚かな私を実感せしめられるのです。自分の考えていることは絶対に正しいとは言い切れないのに、日常生活の中で無意識にそこを立ち位置にしている私が、教えの光に照らし出され、謝りを感じせしめられるのです。それが報恩という感覚であり、報恩の生活なのです。

「恩」という文字の上部は、敷物を表す「口」に「人」が寝ている姿から、「因」という形になっています。その下に「心」で「恩」です。意味は病気で寝ている人をお見舞いする心です。その心は、早く病《やまい》が治ることを願った悲しみの心です。蓮如上人は、人間の存在の病を無明《むみょう》とおっしゃいました。私たちは自分の姿が見えていないという病を抱えているのです。ですから私たちは、いつでもどこでも誰でも、自分の本来の姿に目覚めて欲しいと、如来大悲《だいひ》のお見舞いを受けているのです。

実は、阿弥陀という言葉も、如来という言葉も、無等等という言葉も、根っこはこの大悲なのです。如来の大いなる悲しみ。人間の在り方を傷《いた》む如来の悲しみの中から「南無阿弥陀仏」が生まれてきました。その教えに師主知識《ししゅちしき》（教えに導いてくださった方々）をとおして出遇い、そして今度は私たちの中に、悲しみ傷む心が起こってきます。それを親鸞聖人は

誠《まこと》に知りぬ。悲しきかな、愚禿鸞《ぐとくらん》、愛欲の広海に沈没《ちんもつ》し、名利《みょうり》の太山《たいせん》に迷惑して（中略）恥《は》ずべし、傷《いた》むべし

（『教行信証』真宗聖典二五一頁）

と述懐《じゅっかい》されています。「恥ずべし、傷むべし」と言うしかない自分自身に出遇い、そのことを恩徳としていただいていかれました。それは決して暗い世界ではありません。如来大悲に照らされた世界は明るいのです。

真宗の教えに生きた先祖、先輩方は、そういう世界に出遇えた歓喜と謝念と慚愧の中で、何よりも大切な仏事として報恩講を勤め、伝えていかれたのです。

その報恩講でかならず唱和されます「恩徳讃《おんどくさん》」は、そういう教えに出遇えた歓喜と謝念と慚愧を、親鸞聖人が詠われたものなのです。

如来大悲の恩徳は　身を粉《こ》にしても報ずべし
師主知識《ししゅちしき》の恩徳も　ほねをくだきても謝すべし
（「正像末和讃」真宗聖典五〇五頁）

この「恩徳讃」をあらためて襟《えり》を正していただきなおす、それが報恩講という場に込められた願いなのです。

そして最後に、私が特に思うのが、その願いを本当に聞き届けられているる報恩講をお勧めしているのか、その願いを本当に聞き届けられている報恩の生活になっているのかということです。寺院を取り巻く環境の厳しさ、そしてその対応を考え行動していく中で、もしかすると真宗寺院の原点を失い、報恩講の精神を失ったことにも気づかずにいるのではないかということです。

でも、そういう私だからこそ、この問いに教えをとおして、いつも帰らせていただくことが大切だと感じます。帰らせていただくと、お恥ずかしいとしか言いようのない私の姿が教えられます。そして帰らせていただいたと思っても、すぐ元の自分に戻ってしまう私です。念仏をとおして、日々のお給仕をとおして、そういう私と日々向き合う。それが南無阿弥陀仏から問いをいただいて生きるという報恩の生活なのです。

あとがき

本書は、二〇一六年、東京教区川崎組稱名寺の報恩講において、海法龍氏が「南無阿弥陀仏に生きる―親鸞聖人の教え―」の講題のもとお話しされた内容に、加筆・修正をいただき、『報恩の生活』という題で発行したものです。

報恩講は、宗祖親鸞聖人のご命日をご縁として勤まる法要で、真宗門徒にとってもっとも大事な御仏事として、真宗本廟（東本願寺）をはじめ、全国の真宗寺院やご門徒宅において毎年勤められています。

親鸞聖人を憶念し、自らの聞法の歩みを省みるご縁として、私たちの先輩方によって大切に相続されてきた報恩講。それは、親鸞聖人が顕かにされた本願念仏の教えに出遇い直す機縁であり、聖人をはじめ、教えを伝えてくださった方々へのご恩に報いる生活を営んできた無数の人々の歴史でもあります。

この報恩講に集う私たちには、「真宗門徒の一年は、報恩講に始まり、報恩講に終わる」と言われるように、忙しい日暮しの中にあって報恩講を生活の中心とし、日々、教えに照らされながら自己を問い尋ねていく歩み、「報恩の生活」を営む者となることが願われているのです。

葬儀をはじめ、ご法事などの仏事の形態が変化しつつある昨今、「なぜ、報恩講を勤めなければならないのか」という声さえも聞こえてきます。そういう中にあって、本書が、報恩講にかけられた願いをあらためて聞くこととなり、お念仏を依り処とした報恩の生活がはじまる機縁になることを切に願っています。

最後になりましたが、本書の発行にあたってご協力を賜りました稱名寺の本多暁氏、また発行を快くご承諾いただきました海法龍氏に厚く御礼申し上げます。

二〇一八年十月

東本願寺出版

著者略歴

海　法龍（かい　ほうりゅう）

1957（昭和32）年、熊本県天草市生まれ。大谷大学真宗学科卒業。大谷専修学院卒業。真宗大谷派長願寺住職。真宗大谷派首都圏教化推進本部委員。真宗大谷派首都圏広報紙『サンガ』編集委員。
共著に『僧侶31人のぽけっと法話集』（東本願寺出版）。

報恩《ほうおん》の生活《せいかつ》

2019（平成31）年3月10日 第2刷発行

著　者　海　法　龍

発行者　但　馬　弘

発行所　東本願寺出版
（真宗大谷派宗務所出版部）

〒600-8505　京都市下京区烏丸通七条上る
TEL 075-371-9189（販売）
075-371-5099（編集）
FAX 075-371-9211

表紙デザイン　ツールボックス

印刷・製本　凸版印刷株式会社

ISBN978-4-8341-0595-7　C0215

©Horyu Kai 2018 Printed in Japan

書籍の詳しい情報は　東本願寺出版　検索 click

真宗大谷派（東本願寺）ホームページ　真宗大谷派　検索 click

乱丁・落丁本の場合はお取り替えいたします。
本書を無断で転載・複製することは、著作権法上での例外を除き禁じられています。